सुंदरकांड

श्रीरामचरितमानस सुंदरकांड

लेखक: गोस्वामी तुलसीदास
प्रस्तुतकर्ता: डिवाइनभारत
चित्रांकन एवं डिज़ाइन: सुजाता साह

सुंदरकांड

श्रीरामचरितमानस सुंदरकांड

लेखक: गोस्वामी तुलसीदास

प्रस्तुतकर्ता: डिवाइनभारत
चित्रांकन एवं डिज़ाइन: सुजाता साहा
ISBN: 978-93-343-6736-2

संपर्क हेतु:
info.divinebharat@gmail.com

अनुक्रम

1. भूमिका
2. भगवान श्री जानकीनाथ जी की आरती
3. पारायण विधि
4. आवाहन मंत्र
5. आचमनम्
6. करन्यासः
7. हृदयादिन्यासः
8. ध्यानम्
9. किष्किंधा कांड (दोहा २९)
10. मंगलाचरण
11. श्रीरामचरितमानस – पंचम सोपान

सुंदरकांड का महत्त्व

सुंदरकांड, जैसा कि नाम से ही स्पष्ट है, "सुंदर अध्याय" के रूप में जाना जाता है। यह गोस्वामी तुलसीदास कृत श्रीरामचरितमानस का सबसे मनोहारी, प्रभावशाली और आध्यात्मिक दृष्टि से शक्तिशाली भाग माना जाता है। यह अध्याय महाकाव्य के मध्य भाग में आता है और भगवान हनुमान की लंका यात्रा, माता सीता की खोज, और श्रीराम के प्रति उनकी अनन्य भक्ति को दर्शाता है।

इस अध्याय में हनुमानजी न केवल अपनी अतुलनीय शक्ति और पराक्रम का प्रदर्शन करते हैं, बल्कि उनकी पूर्ण समर्पण भावना, सेवाभाव, और अद्भुत श्रद्धा भी झलकती है। समुद्र को लांघना, अशोक वाटिका तक पहुँचना, सीताजी को श्रीराम की मुद्रिका देना – प्रत्येक घटना भक्तिभाव से ओतप्रोत है। यह कथा भक्तों को न केवल मानसिक बल देती है, बल्कि जीवन की कठिन परिस्थितियों में साहस, आशा और आत्मबल का संचार भी करती है।

सुंदरकांड के छंदों को मंत्रतुल्य माना गया है – इनके पाठ से भय दूर होता है, मन में श्रद्धा जाग्रत होती है, और ईश्वर से एक गहरा संबंध स्थापित होता है। इसीलिए पीढ़ी दर पीढ़ी

श्रद्धालु इस अध्याय में सांत्वना और प्रेरणा दोनों प्राप्त करते हैं।

काव्य रूप और भाषा

सुंदरकांड अवधी भाषा में रचित है, जो हिंदी की एक मधुर और काव्यात्मक बोली है। तुलसीदासजी ने इस शैली को अपनाकर रामकथा को सामान्य जनमानस के हृदय तक पहुँचा दिया। इस ग्रंथ में प्रयोग किए गए काव्यरूप हैं:

- चौपाई – चार पंक्तियों की कविता, जो प्रवाहपूर्ण और गेय होती है।
- दोहा – दो पंक्तियों का संक्षिप्त छंद, जो मुख्य भावों और परिवर्तनों को दर्शाता है।
- छंद – लयात्मक और भावपूर्ण काव्यांश, जो विशेष दृश्यों और भावनाओं का सुंदर वर्णन करते हैं।
- सोरठा – दोहा का एक भिन्न रूप, जो प्रायः किसी भाग के अंत में आता है और गूढ़ अर्थ प्रकट करता है।

सुंदरकांड केवल एक कथा नहीं है — यह एक प्रार्थना है, ध्यान है, और जीवन मार्गदर्शक है। यह उन सभी के लिए एक अमूल्य भक्ति-संग्रह है जो जीवन में साहस, स्पष्टता और ईश्वर से संबंध की तलाश में हैं।

भगवान श्री जानकीनाथजी की आरती

ॐ || जय जानकीनाथा, हो प्रभु जय श्री रघुनाथा |
दो कर जोड़ विनवौं, प्रभु मेरी सुनो बाता || ॐ ||
तुम रघुनाथा हमारे, प्राण पिता माता |
तुम हो सज्जन संगाति, भक्ति मुक्ति दाता || ॐ ||
चौरासी प्रभु फंद छुड़ावो, मेटो यम त्रासा|
निश दिन प्रभु मोहि राखो, अपने संग साथा || ॐ ||
सीताराम लक्ष्मण भरत शत्रुहन, संग चारों भैया |
जगमग ज्योति विराजत, शोभा अति लहिया || ॐ ||
हनुमत नाद बजावत, नेवर ठुमकाता |
कंच थाल आरती, करत कौशल्या माता || ॐ ||
किरीट मुकुट कर धनुष विराजत, शोभा अति भारी |
मणिराम दरशन कर, तुलसीदास दरशन कर,
पल- पल बलिहारी ||ॐ||
जय जानकीनाथा, हो प्रभु जय श्री रघुनाथा |
हो प्रभु जय सीता माता, हो प्रभु जय लक्ष्मण भ्राता ||ॐ||
हो प्रभु जय चारों भ्राता, हो प्रभु जय हनुमत दासा |
दो कर जोड़ विनवौं, प्रभु मेरी सुनो बाता || ॐ ||

परायण विधि

वे पुण्य आत्माएँ जो इस ग्रंथ का नियमानुसार पाठ करना चाहती हैं, उन्हें पाठ आरंभ करने से पहले श्री तुलसीदास, श्री वाल्मीकि, श्री शिव तथा श्री हनुमान का आह्वान और पूजन करना चाहिए। इसके बाद, लक्ष्मण, भरत, शत्रुघ्न – इन तीनों भ्राताओं सहित श्री सीताराम का आह्वान करें, षोडशोपचार पूजा (सोलह उपचारों द्वारा पूजन) करें और ध्यान करें। इन सभी विधियों के पूर्ण होने के पश्चात ही मुख्य पाठ का आरंभ करें। आह्वान, पूजन के प्रत्येक चरण तथा ध्यान के लिए आवश्यक मंत्र नीचे उचित क्रम में प्रदान किए गए हैं।

अथ आवाहन मंत्र

तुलसीक नमस्तुभ्यम्, इहागच्छ शुचिव्रत।
नैर्ऋत्ये उपविश्येदं पूजनं प्रतिगृह्यताम्॥
ॐ तुलसीदासाय नमः।1।

श्रीवाल्मीक नमस्तुभ्यम्, इहागच्छ शुभप्रद।
उत्तरपूर्वयोर्मध्ये तिष्ठ, गृह्णीष्व मेऽर्चनम्॥
ॐ वाल्मीकाय नमः।2।

गौरीपते नमस्तुभ्यम्, इहागच्छ महेश्वर॥
पूर्वदक्षिणयोर्मध्ये तिष्ठ, पूजां गृहाण मे॥
ॐ गौरीपतये नमः।3।

श्रीलक्ष्मण नमस्तुभ्यम्, इहागच्छ सहप्रियः।
याम्यभागे समातिष्ठ, पूजनं संगृहाण मे॥
ॐ श्रीसपत्नीकाय लक्ष्मणाय नमः।4।

श्रीशत्रुघ्न नमस्तुभ्यम्, इहागच्छ. सहप्रियः॥
पीठस्य पश्चिमे भागे पूजनं स्वीकुरुष्व मे॥
ॐ श्रीसपत्नीकाय शत्रुघ्नाय नमः।5।

श्रीभरत नमस्तुभ्यम्, इहागच्छ सहप्रियः।
पीठस्योत्तरे भागे तिष्ठ, पूजां गृहाण मे॥
ॐ श्रीसपत्नीकाय भरताय नमः. ।6।

श्रीहनुमन् नमस्तुभ्यम्, इहागच्छ कृपानिधे।
पूर्वभागे समातिष्ठ, पूजनं स्वीकुरु प्रभो॥
ॐ हनुमते नमः।7।

अथ प्रधानपूजा च कर्तव्या विधिपूर्वकम्।
पुष्पाञ्जलिं गृहीत्वा तु ध्यानं कुर्यात्परस्य च ॥8॥
रक्ताम्भोजदलाभिरामनयनं पीताम्बरालङ्कृतं
श्यामाङ्गं द्विभुजं प्रसन्नवदनं श्रीसीतया शोभितम्।
कारुण्यामृतसागरं प्रियगणेर्भ्रातादिभिर्भावितं
वन्दे विष्णुशिवादिसेव्यमनिशं भक्तेष्टसिद्धिप्रदम्॥9॥

आगच्छ जानकीनाथ जानक्या सह राघव।
गृहाण मम पूजां च वायुपुत्रादिभिर्युतः ||10 ||

इत्यावाहनम्

सुवर्णरचितं राम दिव्यास्तरणशोभितम्।
आसनं हि मया दत्तं गृहाण मणिचित्रितम् || 11 ||

इति षोडशोपचारैः पूजयेत्।

विनियोग मंत्र

ॐ अस्य श्रीमन् मानस् रामायण श्रीरामचरितस्य श्री शि व का क भु शु ण्डि - या ज्ञ व ल्क्य - गो स्वा मी - तुलसीदासा ऋषयः। श्रीसीतारामो देवता। श्रीरामनाम बीजम्। भाव रोगहरि भक्ति शक्ति मम नियंत्रिता। शेष विघ्नतया श्रीसीताराम प्रीति पूर्वक सकल मनोरथ सिद्ध्यर्थं पाठे विनियोगः॥

अथ आचमनम्

श्री सीतारामाभ्यां नमः । श्री रामचन्द्राय नमः। श्री रामभद्राय नमः । इति मन्त्रत्रयेण आचमनं कुर्यात्। श्रीयुगलबीजमन्त्रेण प्राणायामं कुर्यात्।

अथ करन्यास

जग मंगल गुणग्राम राम के ।
दानि मुकुति धन धरम धाम के ॥

अङ्गुष्ठाभ्यां नमः।

राम राम कही जे जमुहाहीं ।
तिन्हहि न पाप पुंज समूहाहीं ॥

तर्जनीभ्यां नमः।

राम सकल नामन्ह ते अधिका ।
होउ नाथ अघ खग गण बधिका ॥

मध्यमाभ्यां नमः।

उमा दरु जोषित की नाई ।
सबहि नचावत रामु गोसाई ॥

अनामिकाभ्यां नमः।

सनमुख होई जीव मोहि जबहीं ।
जन्म कोटि अघ नासहिं तबहीं ॥

कनिष्ठिकाभ्यां नमः।

मम अभिरक्षय रघुकुल नायक ।
धृत बर चाप रुचिर कर सायक ॥

करतल-करपृष्ठाभ्यां नमः।

इति करन्यासः।

अथ हृदयादिन्यास

जग मंगल गुणग्राम राम के।
दानि मुकुति धन धरम धाम के॥
हृदयाय नमः॥
राम राम कहि जे जमुहाहीं।
तिन्हहि न पाप पुंज समूहाहीं॥
शिरसे स्वाहा॥
राम सकल नामन्ह ते अधिका।
होउ नाथ अघ खग गन बधिका॥
शिखायै वषट्॥
उमा दारु जोषित की नाई।
सबहि नचावत रामु गोसाई॥
कवचाय हुम्॥
सनमुख होई जीव मोहि जबहीं।
जन्म कोटि अघ नासहिं तबहीं॥
नेत्राभ्यां वौषट्॥
माम अभिरक्षय रघुकुल नायक।
धृत बर चाप रुचिर कर सायक॥
अस्त्राय फट्॥
इति हृदयादिन्यासः।

अथ ध्यानम्

मामवलोक्य पङ्कज लोचन।
कृपा बिलोकनि सोच विमोचन॥
नील - तामरस - स्याम काम - अरि।
हृदय - कंज - मकरन्द - मधुप हरि॥
जातुधान - बरूथ - बल - भञ्जन।
मुनि - सज्जन - रञ्जन अघ - गञ्जन॥
भूसुर - ससि - नव - बून्द - बलाहक।
असरन - सरन - दीन - जन - गाहक॥
भुज - बल -बिपुल-भार-महि खण्डित।
खर दूषन - बिराध - बध - पंडित॥
रावनारि - सुखरूप - भूपबर।
जय दसरथ- कुल - कुमुद - सुधाकर॥
सुजस - पुरान - बिदित - निगमागम।
गावत सुर - मुनि - सन्त - समागम॥
कारुनीक - ब्यलिक मद - खण्डन।
सब विधि - कुसल कोसला मण्डन॥
कलि - मल - मथन, नाम - ममताहन।
तुलसीदास - प्रभु पाहि - प्रनत -जन॥

इति ध्यानम्॥

॥ ॐ श्रीपरमात्मने नमः॥

प्रनवउँ पवनकुमार खल बन पावक ग्यानघन।
जासु हृदय आगार बसहिं राम सर चाप धर॥

किष्किन्धाकाण्ड

(दोहा २९)

बाली बाँधत प्रभु बाँधेउ, सो तनु बरनि न जाई।
उभय घरी महँ दीन्हीं, सात प्रदच्छिन धाई॥

चौपाई

अंगद कहइ जाऊँ मैं पारा।
जियँ संशय कछु फिरति बारा॥
जामवंत कह तुम्ह सब लायक।
पठइय किमी सब ही कर नायक॥१॥
कहि रीछपति सुनु हनुमाना।
का चुप साधि रहेहु बलवाना॥
पवनतनय बल पवन समाना।
बुद्धि विवेक बिग्यान निधाना॥२॥

कवन सो काज कठिन जग माहीं।

जो नहिं होइ तात तुम्ह पाहीं॥

राम काज लगि तव अवतारा।

सुनतहि भयउ पर्वताकारा॥३॥

कनक बरन तनु तेज बिराजा।

मानहुँ अपर गिरिन्ह कर राजा॥

सिंहनाद करि बारहिं बारा।

लीलहिं नाघउँ जलनिधि खारा॥४॥

सहित सहाय रावनहि मारी।

आनउँ इहाँ त्रिकूट उपारी॥

जामवंत मैं पूँछउँ तोही।

उचित सिखावनु दीजहु मोहि॥५॥

एतना करहु तात तुम्ह जाई।

सियहि देखि कहहु सुधि आई॥

तब निज भुज बल राजिव नयना।

कौतुक लागि संग कपि सेना॥६॥

छन्द

कपि सेन संघारि निसिचर रामु सितहि आनिहैं
।त्रैलोक पावन सुजसु सुर मुनि नारदादि बखानिहैं ॥
जो सुनत गावत कहत समुझत परम पद नर पावई ।
रघुबीर पद पाथोज मधुकर दास तुलसि गावई ॥

दोहा (३० क)

भव भेषज रघुनाथ जसु सुनहिं जे नर अरु नारी ।
तिनकर सकल मनोरथ सिद्ध करिहि त्रिसिरारी ॥

सोरठा (३० ख)

नीलोत्पल तन स्याम काम कोटि सोभा अधिक ।
सुनिअ तासु गुण ग्राम जासु नाम अघ खग बधिक ॥

॥ श्रीगणेशाय नमः ॥

श्रीजानकीवल्लभो विजयते

श्रीरामचरितमानस — पंचम सोपान

सुन्दरकाण्ड

॥ श्लोक ॥

शान्तं शाश्वतमप्रमेयमनघं निर्वाण शान्ति - प्रदम् ।
ब्रह्मा शम्भु फणीन्द्र सेव्यमनिशं वेदान्त वेद्यं विभुम् ॥
रामाख्यं जगदीश्वरं सुरगुरुं मायामनुष्यं हरिम् ।
वन्देऽहं करुणाकरं रघुवरं भूपालचूड़ामणिम् ॥१॥

नान्या स्पृहा रघुपते हृदयेऽस्मदीये
सत्यं वदामि च भवानखिलान्तरात्मा ।
भक्तिं प्रयच्छ रघुपुंगव निर्भरां मे
कामादिदोषरहितं कुरु मानसं च ॥२॥

अतुलितबलधामं हेमशैलाभदेहम्
दनुजवनकृशानुं ज्ञानिनामग्रगण्यम् ।
सकलगुणनिधानं वानराणामधीशं
रघुपतिप्रियभक्तं वातजातं नमामि ॥३॥

जामवंत के बचन सुहाए।
सुनि हनुमंत हृदय अति भाए॥
तब लगि मोहि परिखेहु तुम्ह भाई।
सहि दुख कंद मूल फल खाई॥१॥
जब लगि आवौं सीतहि देखी।
होइहि काजु मोहि हरष बिसेषी॥
यह कहि नाइ सबन्हि कहुँ माथा।
चलेउ हरषी हियँ धरि रघुनाथा॥२॥
सिंधु तीर एक भूधर सुंदर।
कौतुक कूदि चढ़ेउ ता ऊपर॥
बार बार रघुबीर सँभारी।
तरकेउ पवनतनय बल भारी॥३॥
जेहि गिरि चरण देइ हनुमंता।
चलेउ सो गा पाताल तुरंता॥
जिमि अमोघ रघुपति कर बाना।
एहि भाँति चलेउ हनुमाना॥४॥

जलनिधि रघुपति दूत बिचारी।

तै मैनाक होहि श्रमहारी ॥५॥

दोहा १

हनुमान तेहि परसा कर पुनि कीन्ह प्रनाम।
राम काजु कीन्हे बिनु मोहि कहाँ विश्राम ॥१॥

चौपाई

जात पवनसुत देवन्ह देखा।

जानैं कहुँ बल बुद्धि विसेषा॥

सुरसा नाम अहिन्ह कै माता।

पठइन्हि आइ कहि तेहिं बाता ॥१॥

आजु सुरन्ह मोहि दीन्ह अहारा।

सुनत बचन कह पवनकुमारा॥

राम काजु करि फिरि मैं आवौं।

सीता कइ सुधि प्रभुहि सुनावौं ॥२॥

तब तव बदन पैठिहउ आई।

सत्य कहउँ मोहि जान दे माई॥

कवनेहुँ जतन देइ नहि जाना।

ग्रससि न मोहि कहेउ हनुमाना ॥३॥

जोजन भरि तेहिं बदनु पसारा।

कपि तनु कीन्ह दुगुन बिस्तारा॥

सोरह जोजन मुख तेहिं ठयऊ।

तुरत पवनसुत बत्तीस भयऊ॥४॥

जस जस सुरसा बदनु बढ़ावा।

तासु दून कपि रूप देखावा॥

सत जोजन तेहिं आनन कीन्हा।

अति लघु रूप पवनसुत लीन्हा॥५॥

बदन पइठि पुनि बाहेर आवा।

मागा बिदा ताहि सिरु नावा॥

मोहि सुरन्ह जेहि लागि पठावा।

बुद्धि बल मरमु तोर मैं पावा॥६॥

दोहा २

राम काजु सबु करिहहु तुम्ह बल बुद्धि निधान।

आसीष देइ गई सो हरषि चलेउ हनुमान॥२॥

चौपाई

निसिचरि एक सिंधु महुँ रहई॥
करि माया नभु के खग गहई॥
जीव जन्तु जे गगन उड़ाहीं।
जल बिलोकि तिन्ह कै परिछाहीं॥१॥
गहइ छाहँ सक सो न उड़ाई।
एहि बिधि सदा गगनचर खाई॥
सोइ छल हनुमान कहँ कीन्हा।
तासु कपटु कपि तुरतहिं चीन्हा॥२॥
ताहि मारी मारुतसुत बीरा।
बारिधि पार गयउ मतिधीरा॥
तहाँ जाई देखी बन सोभा।
गुंजत चंचरीक मधु लोभा॥३॥
नाना तरु फल फूल सुहाए।
खग मृग बृंद देखि मन भाए॥
सैल बिसाल देखि एक आगें।
ता पर धाइ चढ़ेउ भय त्यागें॥४॥

उमा न कछु कपि कै अधिकाई।

प्रभु प्रताप जो कालहि खाई॥

गिरि पर चढ़ी लंका तेहिं देखी।

कहि न जाइ अति दुर्ग बिसेषी॥५॥

अति उतंग जलनिधि चहु पासा।

कनक कोट कर परम प्रकासा॥६॥

छन्द १

कनक कोट बिचित्र मणि कृत सुंदरायतन घना।

चौहट्ट हट्ट सुभट्ट बीथीं चारु पुर बहु बिधि बना॥

गज बाजी खच्चर निकर पदचर रथ बरूथन्हि को गनै।

बहुरूप निसिचर जूथ अतिबल सेन बरनत नहीं बनै॥१॥

छन्द २

बन बाग उपबन बाटिका सर कूप बापीं सोहहीं।

नर नाग सुर गन्धर्ब कन्या रूप मुनि मन मोहहीं॥

कहुँमाल देह बिसाल सैल समान अतिबल गर्जहीं।

नाना अखारेन्ह भिरहिं बहुविधि एक एकान्ह तर्जहीं॥२॥

छन्द ३

करि जतन भट कोटिन्ह बिकट तन नगर चौह दिसि रच्छहिं
कहुं महिष मानुष धेनु खर अज खर निसाचर भच्छहिं ॥
एहि लागि तुलसीदास इन्ह की कथा कछु एक है कही ।
रघुबीर सर तीरथ सरीरन्हिं त्यागि गति पैहहिं सही ॥३॥

दोहा ३

पुर रखवारे देखि बहु कपि मन कीन्ह बिचार ।
अति लघु रूप धरौं निसि नगर करौं पइसार ॥३॥

चौपाई

मसक समान रूप कपि धरी ।
लंकहि चलें सुमिरि नरहरी ॥
नाम लंकिनी एक निसिचरी ।
सो कह चलेसि मोहि निंदरी ॥१॥
जानेहि नाहीं मरमुसठ मोरा ।
मोर अहार जहाँलगि चोरा ॥
मुठिका एक महा कपि हनी ।
रुधिर बमत धरनीं ढनमनी ॥२॥

पुनि संभारि उठी सो लंका।
जोरि पानि करि बिनय ससंका॥
जब रावनहि ब्रह्म बर दीन्हा।
चलत बिरंचि कहा मोहि चीन्हा॥३॥
बिकल होसि तैं कपि के मारे।
तब जानेसु निसिचर संघारे॥
तात मोर अति पुन्य बहूता।
देखेउँ नयन राम कर दूता॥४॥

दोहा ४

तात स्वर्ग अपबर्ग सुख धरिय तुला एक अंग।
तूल न ताहि सकल मिलि जो सुख लव सतसंग॥४॥

चौपाई

प्रबिसि नगर कीजे सब काजा।
हृदयँ राखि कोसलपुर राजा॥
गरल सुधा रिपु करहिं मिताई।
गोपद सिंधु अनल सितलाई॥१॥
गरुड़ सुमेरु रेनु सम ताही।
राम कृपा करि चितवा जाही॥

अति लघु रूप धरेउ हनुमाना।
पैठा नगर सुमिरि भगवाना ॥२॥
मंदिर मंदिर प्रती करि सोधा।
देखे जहाँ तहँ अगिनत जोधा॥
गयउ दसानन मंदिर माहीं।
अति बिचित्र कहि जात सो नाहीं ॥३॥
सयन किएँ देखा कपि तेही।
मंदिर महुँ न दीखि बैदेही॥
भवन एक पुनि दीख सुहावा।
हरि मंदिर तहँ भिन्न बनावा ॥४॥

दोहा ५

रामायुध अंकित गृह सोभा बरनि न जाइ।
नव तुलसिका बृंद तहँ देखि हरष कपिराइ ॥५॥

चौपाई

लंका निसिचर निकर निवासा।
इहाँ कहाँ सज्जन कर बासा॥
मन महँ तरक करैं कपि लागा।
तेहि समय बिभीषनु जागा ॥१॥

राम राम तेहि सुमिरन कीन्हा।

हृदयँ हरष कपि सज्जन चीन्हा॥

एहि सन हठि करिहउँ पहिचानी।

साधु ते होइ न कारज हानी॥२॥

बिप्र रूप धरि बचन सुनाए।

सुनत बिभीषन उठि तहँ आए॥

करि प्रनाम पूँछी कुसलाई।

बिप्र कहहु निज कथा बुझाई॥३॥

की तुम्ह हरि दासन्ह महँ कोइ।

मोरें हृदय प्रीति अति होई॥

की तुम्ह रामु दीन अनुरागी।

आयहु मोहि करन बड़भागी॥४॥

दोहा ६

तब हनुमंत कहि सब राम कथा निज नाम।

सुनत युगल तन पुलक मन मगन सुमिरि गुन ग्राम॥६॥

चौपाई

सुनहु पवनसुत रहनि हमारी।
जिमी दसानन्हि महुँ जीभ बिचारी॥
तात कबहुँ मोहि जानि अनाथा।
करिहहिं कृपा भानुकुल नाथा॥१॥
तामस तनु कछु साधन नाहीं।
प्रीति न पद सरोज मन माहीं॥
अब मोहि भा भरोस हनुमंता।
बिनु हरिकृपा मिलहिं नहि संता॥२॥
जौं रघुबीर अनुग्रह कीन्हा।
तौ तुम्ह मोहि दरसु हठि दीन्हा॥
सुनहु बिभीषन प्रभु कै रीती।
करहिं सदा सेवक पर प्रीती॥३॥
कहहिं कवन मैं परम कुलीना।
कपि चंचल सबहीं बिधि हीना॥
प्रात लेइ जो नाम हमारा।
तेहि दिन ताहि न मिलइ अहारा॥४॥

दोहा ७

अस मैं अधम सखा सुनु मोहू पर रघुबीर।

कीन्ही कृपा सुमिरि गुन भरे बिलोचन नीर ॥७॥

चौपाई

जानतहूँ अस स्वामी बिसारी।
फिरहिं ते काहे न होहिं दुखारी॥
इहि बिधि कहत राम गुन ग्रामा।
पावा अनिर्बाच्य विश्रामा ॥१॥
पुनि सब कथा बिभीषन कही।
जेहि बिधि जनकसुता तहँ रही॥
तब हनुमंत कहा सुनु भ्राता।
देखि चाहउँ जानकी माता ॥२॥
जुगुति बिभीषन सकल सुनाई।
चलेउ पवनसुत बिदा कराई॥
करि सोई रूप गयउ पुनि तहवाँ।
बन असोक सीता रह जहँवा ॥३॥
देखि मनहि महुँ कीन्ह प्रनामा।
बैठहिं बीति जात निसि जामा॥

कृस तनु सीस जटा एक बेनी।
जपति हृदयँ रघुपति गुन श्रेनी ॥४॥

दोहा ८

निज पद नयन दिएँ मन राम पद कमल लीन।
परम दुखी भा पवनसुत देखि जानकी दीन ॥८॥

चौपाई

तरु पल्लव महुँ रहा लुकाई।
करइ बिचार करौं का भाई॥
तेहि अवसर रावन तहँ आवा।
संग नारी बहु किएँ बनावा ॥१॥
बहु बिधि खल सीतहि समुझावा।
साम दान भय भेद दिखावा॥
कह रावनु सुनु सुमुखि सयानी।
मंदोदरी आदि सब रानी ॥२॥
तव अनुचरीं करउँ पन मोरा।
एक बार बिलोकु मम ओरा॥

तृन धरि ओट कहति बैदेही।

सुमिरि अवधपति परम सनेही ॥३॥

सुनु दसमुख खद्योत प्रकासा।

कबहुँ कि नलिनी करइ बिकासा॥

अस मन समुझु कहति जानकी।

खल सुधि नहिं रघुबीर बान की ॥४॥

सठ सूनें हरि आनेहि मोही।

अधम निलज्ज लाज नहि तोही ॥५॥

दोहा ९

आपुहि सुनि खद्योत सम, रामहि भानु समान।
परुष बचन सुनि काढ़ि असि, बोला अति खिसियान ॥९॥

चौपाई

सीता तैं मम कृत अपमाना।

कटिहउँ तव सिर कठिन कृपाना॥

नाहिं त सपदि मानु मम बानी।

सुमुखि होती न त जीवन हानी ॥१॥

स्याम सरोज दाम सम सुंदर।
प्रभु भुज करि कर सम दसकंधर॥
सो भुज कंठ की तव असि घोरा।
सुनु सठ अस प्रवान पन मोरा॥२॥
चंद्रहास हरु मम परितापं।
रघुपति बिरह अनल संजातं॥
सीतल निसित बहसि बर धारा।
कह सीता हरु मम दुख भारा॥३॥
सुनत बचन पुनि मारन धावा।
मयतनयाँ कहि नीति बुझावा॥
कहेसि सकल निसिचरिन्ह बोलाई।
सीतहि बहु बिधि त्रासहु जाई॥४॥
मास दिवस महुँ कहा न माना।
तौ मैं मरबि काढ़ि कृपाना॥५॥

दोहा १०

भवन गयउ दसकंधर, इहाँ पिसाचिनी बृंद।
सीतहि त्रास दिखावहि, धरहिं रूप बहु मंद ॥१०॥

चौपाई

त्रिजटा नाम राच्छसी एका।
राम चरन रति निपुन बिबेका॥
सबन्हौ बोलि सुनाएसि सपना।
सीतहि सेइ करहु हित अपना ॥१॥
सपनें बानर लंका जारि।
जतुधान सेना सब मारी॥
खर आरूढ़ नगन दससीसा।
मुंडित सिर खंडित भुज बीसा ॥२॥
एहि बिधि सो दक्षिण दिसि जाई।
लंका मनहुँ बिभीषण पाई॥
नगर फिरि रघुबीर दोहाई।
तब प्रभु सीता बोलि पठाई ॥३॥

यह सपना मैं कहउँ पुकारी।

होइहि सत्य गएँ दिन चारी॥

तासु बचन सुनि ते सब डरीं।

जनकसुता के चरनन्हि परीं॥४॥

दोहा ११

जहँ तहँ गईं सकल तब सीता कर मन सोच।

मास दिवस बीतें मोहि मारिहि निसिचर पोच॥११॥

चौपाई

त्रिजटा सन बोलीं करि जोरी।

मातु बिपति संगीनी तैं मोरी॥

तजौं देह करु बेगि उपाई।

दुसह बिरहु अब नहिं सही जाइ॥१॥

आनि काठ रचु चिता बनाइ।

मातु अनल पुनि देहि लगाइ॥

सत्य करहि मम प्रीति सयानी।

सुनै को श्रवण सूल सम बानी॥२॥

सुनत बचन पद गहि समझाएसी।
प्रभु प्रताप बल सुजसु सुनाएसी॥
निसि न अनल मिल सुनु सुकुमारी।
अस कहि सो निज भवन सिधारी॥३॥
कह सीता बिधि भा प्रतिकूला।
मिलहि न पावक मिटहि न सूला॥
देखियत प्रगट गगन अंगारा।
अवनि न आवत एकउ तारा॥४॥
पावकमय ससि स्त्रवत न आगि।
मानहुँ मोहि जानि हतभागी॥
सुनहि बिनय मम बिटप असोका।
सत्य नाम करु हरु मम सोका॥५॥
नूतन किसलय अनल समाना।
देहि अगिनि जनि करहि निदाना॥
देखि परम बिरहाकुल सीता।
सो छन कपिहि कलप सम बीता॥६॥

सोरठा १२

कपि करि हृदयँ विचार दीन्हि मुद्रिका डारि तब।
जनु असोक अंगार दीन्ह हरषि उठि कर गहेउ ॥१२॥

चौपाई

तब देखी मुद्रिका मनोहर।
राम नाम अंकित अति सुंदर॥
चकित चितव मुदरी पहिचानी।
हरष बिसाद हृदयँ अकुलानी ॥१॥
जीति को सकइ अजय रघुराई।
माया तें असि रचि नहीं जाई॥
सीता मन विचार कर नाना।
मधुर बचन बोलेउ हनुमाना ॥२॥
रामचंद्र गुण बरनैं लागा।
सुनतहिं सीता कर दुख भागा॥
लागीं सुनैं श्रवण मन लाई।
आदिहु तें सब कथा सुनाई ॥३॥

श्रवणामृत जेहि कथा सुहाई।

कहि सो प्रगट होती किन भाई॥

तब हनुमंत निकट चली गयऊ।

फिरि बैठिं मन बिसमय भयऊ॥४॥

राम दूत मैं मातु जानकी।

सत्य सपथ करुनानिधान की॥

यह मुद्रिका मातु मैं आनी।

दीन्हि राम तुम्ह कहँ सहिदानी॥५॥

नर बानरहि संग कहु कइसें।

कही कथा भइ संगति जैसें॥६॥

दोहा १३

कपि के बचन सप्रेम सुनि उपजा मन विश्वास।

जाना मन क्रम बचन यह कृपासिंधु कर दास॥१३॥

चौपाई

हरिजन जानि प्रीति अति गाढ़ी।

सजल नयन पुलकावली बाढ़ी॥

बूड़त बिरह जलधि हनुमाना।

भयहु तात मो कहुँ जलजाना॥१॥

अब कहु कुसल जाउँ बलिहारी।
अनुज सहित सुख भवन खरारी॥
कोमलचित कृपाल रघुराई।
कपि कहि हेतु धरि निठुराई॥२॥
सहज बानी सेवक सुखदायक।
कबहुँक सुरति करत रघुनायक॥
कबहुँ नयन मम सीतल ताता।
होइहहिं निरखि स्याम मृदु गाता॥३॥
बचनु न आव नयन भरे बारी।
अहह नाथ हौं निपट बिसारी॥
देखि परम बिरहाकुल सीता।
बोला कपि मृदु बचन बिनिता॥४॥
मातु कुसल प्रभु अनुज समेता।
तव दुख दुखी सुकृपा निकेता॥
जनि जननी मानहु जियँ ऊना।
तुम्ह ते प्रेमु राम कें दुना॥५॥

दोहा १४

रघुपति कर सन्देसु अब सुनु जननि धरि धीर।
अस कहि कपि गदगद भयउ भरे बिलोचन नीर ॥१४॥

चौपाई

कहेउ राम बियोग तव सीता।
मो कहुँ सकल भए बिपरीता॥
नव तरु किसलय मनहुँ कृसानू।
कालनिसा सम निसि ससि भानू॥१॥
कुबयल बिपिन कुंत बन सरिसा।
बारिद तपत तेल जनु बरिसा॥
जे हित रहे करति ते पीरा।
उरग सवास सम त्रिविध ॥२॥
कहेहू तें कछु दुख घटि होई।
काहि कहौं यह जान न कोई॥
तत्व प्रेम कर मम अरु तोरा।
जानत प्रिया एकु मनु मोरा॥३॥

सो मनु सदा रहत तोहि पाहीं।
जानु प्रीति रस एतेनहि माहीं॥
प्रभु सन्देसु सुनत बैदेही।
मगन प्रेम तन सुधि न तेही॥४॥
कह कपि हृदयँ धीर धरु माता।
सुमिरु राम सेवक सुखदाता॥
उर आनहु रघुपति प्रभुताई।
सुनि मम बचन तजहु कदराई॥५॥

दोहा १५

निसिचर निकर पतंग सम रघुपति बान कृसानु।
जननी हृदयँ धीर धरु जरे निसाचर जानु॥१५॥

चौपाई

जौं रघुबीर होती सुधि पाई।
करते नहीं बिलंबु रघुराई॥
राम बान रबि उएँ जानकी।
तम बरुथ कहँ जातुधान की॥१॥

अबहि मातु मैं जाउँ लवाई।

प्रभु आयसु नहि राम दोहाई॥

कछुक दिवस जननि धरु धीरा।

कपिन्ह सहित अइहहिं रघुबीरा॥२॥

निसिचर मारी तोहि लै जैहहिं।

तिहुँ पुर नारदादि जसु गैहहिं॥

हैं सुत कपि सब तुम्हहि समाना।

जातुधान अति भट बलवाना॥३॥

मोरे हृदय परम सन्देहा।

सुनि कपि प्रगट कीन्ह निज देहा॥

कनक भूधराकार सरीरा।

समर भयंकर अतिबल बीरा॥४॥

सीता मन भरोस तब भयऊ।

पुनि लघु रूप पवनसुत लयऊ॥५॥

दोहा १६

सुनु माता साखामृग, नहिं बल बुद्धि बिसाल।

प्रभु प्रताप तें गरुड़हि, खाई परम लघु ब्याल॥१६॥

चौपाई

मन संतोष सुनत कपि बानी।
भक्ति प्रताप तेज बल सानी॥
आसिष दीन्हि रामप्रिय जाना।
होहु तात बल सील निधाना ॥१॥
अजर अमर गुननिधि सुत होहू।
करहुँ बहुत रघुनायक छोहू॥
करहुँ कृपा प्रभु अस सुनि काना।
निर्भर प्रेम मगन हनुमाना ॥२॥
बार बार नाएसि पद सीसा।
बोला बचन जोरि कर कीसा॥
अब कृतकृत्य भयऊँ मैं माता।
आसिष तव अमोघ बिख्याता ॥३॥
सुनुहु मातु मोहि अतिसय भूखा।
लागि देखि सुंदर फल रूखा ॥
सुनु सुत करहिं विपिन रखवारी।
परम सुभट रजनीचर भारी ॥४॥

तिन्ह कर भय माता मोहि नाहीं।

जौं तुम्ह सुख मानहु मन माहीं॥५॥

दोहा १७

देखि बुद्धि बल निपुण कपि कहउ जानकीं जाहु।

रघुपति चरन हृदयँ धरि तात मधुर फल खाहु॥१७॥

चौपाई

चलेउ नाइ सिरु पैठउ बागा।

फल खाएसि तरु तोरैं लागा॥

रहे तहाँ बहु भट रखवारे।

कछु मारेसि कछु जाइ पुकारे॥१॥

नाथ एक आवा कपि भारी।

तेहिं अशोक बाटिका उजारी॥

खाएसि फल अरु बिटप उपारे।

रच्छक मर्दी मर्दी मही डारे॥२॥

सुनि रावन पठए भट नाना।

तिन्हहि देखि गर्जेउ हनुमाना॥

सब रजनीचर कपि संघारे।

गए पुकारत कछु अधमारे॥३॥

पुनि पठयउ तेहिं अच्छकुमारा।

चला संग लै सुभट अपारा॥

आवत देखि बिटप गहि तर्जा।

ताहि निपाति महाधुनि गर्जा ॥४॥

दोहा १८

कछु मारेसि कछु मर्देसि कछु मिलेसि धरि धूरी।

कछु पुनि जाइ पुकारे प्रभु मर्कट बल भूरि ॥१८॥

चौपाई

सुनि सुत बध लंकेस रिसाना।

पठएसि मेघनाद बलवाना॥

मारसि जनि सुत बाँधेसु ताही।

देखिअ कपिहि कहां कर आही॥१॥

चला इन्द्रजित अतुलित जोधा।

बंधु निधन सुनि उपजा क्रोधा॥

कपि देखा दारुन भट आवा।

कटकटाइ गरजा अरु धावा॥२॥

अति बिसाल तरु एक उपारा।

बिरथ कीन्ह लंकेस कुमारा॥

रहे महाभट ताके संगा।

गहि गहि कपि मर्दइ निज अंगा॥३॥

तिन्हहि निपाति ताही सनि बाजा।

भिरे जुगल मानहुँ गजराजा॥

मुठिका मारि चढ़ा तरु जाई।

ताही एक छन मूरुछा आई॥४॥

उठि बहोरि कीन्हसि बहु माया।

जीति न जाइ प्रभंजन जया॥५॥

दोहा १९

ब्रह्म अस्त्र तेहि साँधा कपि मन कीन्ह विचार।

जौं न ब्रह्मसर मानउँ महिमा मिटइ अपार॥१९॥

चौपाई

ब्रह्मबाण कपि कहुँ तेहिं मारा।

परतिहुँ बार कटुक संहारा॥

तेहि देखा कपि मुरुछित भयऊ।

नागपाश बाँधेसि लइ गयऊ ॥१॥

जासु नाम जपि सुनहु भवानी।

भव बंधन काटहिं नर ग्यानी ॥

तासु दूत की बंध तरु आवा।

प्रभु कारज लगि कपिहिं बाँधावा ॥२॥

कपि बंधन सुनि निसिचर धाए।

कौतुक लागि सभा सब आए ॥

दसमुख सभा देखी कपि जाई।

कहि न जाई कछु अति प्रभुताई ॥३॥

कर जोरें सुर दिसिप बिनिता।

भृकुटि बिलोकत सकल सभिता ॥

देखि प्रताप न कपि मन संका।

जिमि अहिगन महुँ गरुड़ असंका ॥४॥

दोहा २०

कपिहि बिलोकि दसानन बिहसा कहि दूर्बाद।
सुत बध सुरति कीन्हि पुनि उपजा हृदयँ बिषाद ॥२०॥

चौपाई

कह लंकेस कवन तैं कीसा।
केहि कें बल घलेहि बन खीसा॥
की धौं श्रवण सुनेहि न मोही।
देखउँ अति असंक सठ तोही ॥१॥
मारे निसिचर केहिं अपराधा।
कहु सठ तोहि न प्रान कइ बाधा॥
सुनु रावन ब्रह्माण्ड निकाया।
पाइ जासु बल बिरचति माया ॥२॥
जाकें बल बिरंचि हरि ईसा।
पालत सृजत हरत दससीसा ॥
जा बल सीस धरत सहसानन।
अण्डकोश समेत गिरि कानन ॥३॥

धरई जो बिबिध देह सुरत्राता।
तुम्ह से सठन्ह सिखावनु दाता॥
हर कोदण्ड कठिन जेहि भंजा ।
तेहि समेत नृप दल मद गंजा ॥४॥
खर दूषण त्रिसिरा अरु बाली।
बधे सकल अतुलित बलसाली ॥५॥

दोहा २१

जाके बल लवलेस तें जितेहु चराचर झारि।
तासु दूत मैं जा करि हरि आनेहु प्रिय नारि ॥२१॥

चौपाई

जानउँ मैं तुम्हारी प्रभुताई।
सहसबाहु सन परी लराई॥
समर बालि सन करि जसु पावा।
सुनी कपि बचन बिहसी बिहरावा ॥१॥
खायउँ फल प्रभु लागी भूँखा।
कपि सुभाव तें तोरेउँ रूखा॥

सब कें देह परम प्रिय स्वामी।

मारहिं मोहि कुमारग गामी ॥२॥

जिन्ह मोहि मारा ते मैं मारे।

तेहि पर बाँधेउँ तनयँ तुम्हारे॥

मोहि न कछु बाँधे कइ लाजा।

कीन्ह चाहउँ निज प्रभु कर काजा॥३॥

बिनती करउँ जोरि कर रावन।

सुनहु मान तजि मोर सिखावन॥

देखहु तुम्ह निज कुलहि बिचारी।

भ्रम तजि भजहु भगत भय हारी॥४॥

जाकें डर अति काल डेराई।

जो सुर असुर चराचर खाई॥

तासों बयरु कबहुँ नहिं कीजै।

मोरे कहें जानकी दीजै॥५॥

दोहा २२

प्रणतपाल रघुनायक करुणा सिंधु खरारि।
गएँ शरण प्रभु राखिहैं तव अपराध बिसारि ॥२२॥

चौपाई

राम चरन पंकज उर धरहू।
लंका अचल राज तुम्ह करहू॥
ऋषि पुलस्ति जस बिमल मन्यका।
तेहि ससि महुँ जनि होहु कलंका ॥१॥
राम नाम बिनु गिरा न सोहा।
देखु बिचारि त्यागि मद मोहा॥
बसन हीन नहि सोह सुरारी।
सब भूषण भूषित बर नारी ॥२॥
राम विमुख संपत्ति प्रभुताई।
जाई रही पाई बिनु पाई॥
सजल मूल जिन्ह सरितन्ह नाहिं।
बरषि गए पुनि तिनहि सुखाहिं ॥३॥

सुनु दसकंठ कहउँ पन रोपी।
विमुख राम त्राता नहिं कोपी॥
संकर सहस बिष्नु अज तोही।
सकहिं न राखी राम कर द्रोही॥४॥

दोहा २३

मोहमूल बहु शूल प्रद त्यागहु तम अभिमान।
भजहु राम रघुनायक कृपा सिंधु भगवान्॥२३॥

चौपाई

जदपि कही कपी अति हित बानी।
भगति बिवेक बिरति नय सानी॥
बोला बिहसि महा अभिमानी।
मिल हमहि कपी गुर बड़ ज्ञानी॥१॥
मृत्यु निकट आई खल तोही।
लागेसी अधम सिखावन मोही॥
उलटा होइहि कह हनुमाना।
मतिभ्रम तोर प्रगट मैं जाना॥२॥

सुनि कपी बचन बहुत खिसिआना।
बेगि न हरहु मूढ़ कर प्राना॥
सुनत निसाचर मारन धाए।
सचिवन्ह सहित बिभीषणु आए॥३॥
नाइ सीस करी विनय बहूता।
नीति विरोध न मारिअ दूता॥
आन दंड कछु करिअ गोसाँई।
सबहिं कहा मंत्र भल भाई॥४॥
सुनत बिहसि बोला दसकंधर।
अंग भंग करि पठइअ बंदर॥५॥

दोहा २४

कपि कें ममता पूँछ पर सबही कहउँ समुझाइ।
तेल बोरि पट बाँधि पुनि पावक देहु लगाइ॥२४॥

चौपाई

पूँछहीन बानर तहँ जाइहि।
तब सठ निज नाथहि लइ आइहि॥

जिन्ह कै कीन्हसि बहुत बड़ाई।
देखउँ मैं तिन्ह कै प्रभुताई ॥१॥
बचन सुनत कपि मन मुसुकाना।
भइ सहाय सारद मैं जाना ॥
जातुधान सुनि रावन बचना।
लागे रचैं मूढ़ सोइ रचना ॥२॥
रहा न नगर बसन घृत तेला।
बाढ़ी पूँछ कीन्ह कपि खेला ॥
कौतुक कहँ आए पुरबासी।
मारहिं चरन करहिं बहु हाँसी ॥३॥
बाजहिं ढोल देहिं सब तारी।
नगर फेरी पुनि पूँछ प्रजारी ॥
पावक जरत देखि हनुमंता।
भयउ परम लगु रूप तुरंता ॥४॥
निबुकि चढ़ेउ कपि कनक अटारीं।
भइ सभीत निसाचर नारीं ॥५॥

दोहा २५

हरि प्रेरित तिहि अवसर चले मरुत उनचास।
अट्टहास करि गर्जा कपि बढ़ि लाग अकास ॥२५॥

चौपाई

देह बिसाल परम हरुआई।
मंदिर तें मंदिर चढ़ धाई॥
जरइ नगर भा लोग बिहाला।
झपत लपट बहु कोटि कराला॥१॥
तात मातु हा सुनिअ पुकारा।
एहिं अवसर को हमहि उबारा॥
हम जो कहा यह कपि नहीं होई।
बानर रूप धरें सुर कोई॥२॥
साधु अवग्या कर फलु ऐसा।
जरइ नगर अनाथ कर जैसा॥
जारा नगरु निमेष एक माहीं।
एक बिभीषन कर गृह नाहीं॥३॥

ता कर दूत अनल जेहिं सिरिजा।

जरा न सो तेहि कारन गिरिजा॥

उलटि पलटि लंका सब जारी।

कूदि परा पुनि सिंधु मझारी॥४॥

दोहा २६

पूँछ बुझाई खोइ श्रम, धरी लघु रूप बहोरि।

जनकसुता कें आगे ठाढ़, भएउ कर जोरि॥२६॥

चौपाई

मातु मोहि दीजे कछु चीन्हा।

जैसें रघुनायक मोहि दीन्हा॥

चूड़ामनि उतारि तब दयऊ।

हरष समेट पवनसुत लयऊ॥१॥

कहेहु तात अस मोर प्रनामा।

सब प्रकार प्रभु पूरनकामा॥

दीन दयाल बिरिदु सम्भारी।

हरहु नाथ मम संकट भारी॥२॥

तात सक्रसुत कथा सुनाएहु।
बान प्रताप प्रभुहि समझाएहु॥
मास दिवस महुँ नाथु न आवा।
तौ पुनि मोहि जियत नहिं पावा॥३॥
कहु कपि केहि बिधि राखौ प्राना।
तुम्हहू तात कहत अब जाना॥
तोहि देखि सीतलि भइ छाती।
पुनि मो कहुँ सोइ दिनु सो राती॥४॥

दोहा २७

जनकसुतहि समुझाइ करि बहु बिधि धीरजु दीन्ह।
चरन कमल सिरु नाइ कपी गवनु राम पहिं कीन्ह॥२७॥

चौपाई

चलत महाधुनि गर्जेसी भारी।
गर्भ स्रवहिं सुनि निसिचर नारी॥
नाघि सिंधु एहि पारहि आवा।
सबद किलकिला कपिन्ह सुनावा॥१॥

हरषे सब बिलोकि हनुमाना।

नूतन जन्म कपिन्ह तब जाना॥

मुख प्रसन्न तन तेज बिराजा।

किन्हेसि रामचन्द्र कर काजा॥२॥

मिले सकल अति भए सुखारी।

तलफत मीन पाव जिमि बारी॥

चले हरषि रघुनायक पासा।

पूँछत कहत नवल इतिहासा॥३॥

तब मधुबन भीतर सब आए।

अंगद सन्मत मधु फल खाए॥

रखवारे जब बरजन लागे।

मुष्टि प्रहार हनत सब भागे॥४॥

दोहा २८

जाइ पुकारे ते सब बन उजाड़ जुबराज।

सुनि सुग्रीव हरष कपि करि आए प्रभु काज॥२८॥

चौपाई

जौं न होती सीता सुधि पाई।
मधुबन के फल सखहिं कि खाई॥
एहि बिधि मन बिचार कर राजा।
आइ गए कपि सहित समाजा॥१॥
आइ सबन्हि नावा पद सीसा।
मिलेउ सबन्हि अति प्रेम कपीसा॥
पूँछी कुसल कुसल पद देखी।
राम कृपाँ भा काजु बिसेषी॥२॥
नाथ काजु कीन्हेउ हनुमाना।
राखे सकल कपिन्ह के प्राना॥
सुनि सुग्रीव बहुरि तेहि मिलेऊ।
कपिन्ह सहित रघुपति पहिं चलेऊ॥३॥
राम कपिन्ह जब आवत देखा।
किएँ काजु मन हरष बिसेषा॥
फटिक शिला बैठे द्वौ भाई।
परे सकल कपि चरनन्हि जाई॥४॥

दोहा २१

प्रीति सहित सब भेटे रघुपति करुना पुंज।
पूँछी कुशल नाथ अब कुसल देखि पद कंज ॥२१॥

चौपाई

जामवंत कह सुनु रघुराया।
जा पर नाथ करहु तुम दाया॥
ताहि सदा सुभ कुसल निरंतर।
सुर नर मुनि प्रसन्न ता ऊपर ॥१॥
सोइ बिजई बिनई गुन सागर।
तासु सुजसु त्रिलोक उजागर॥
प्रभु कीं कृपा भयउ सबु काजू।
जन्म हमार सुफल भा आजू ॥२॥
नाथ पवनसुत कीन्हि जो करनी।
सहसहुँ मुख न जाइ सो बरनी॥
पवनतनय के चरित सुभाए।
जामवंत रघुपतिहि सुनाए ॥३॥

सुनत कृपानिधि मन अति भाए।

पुनि हनुमान हरष हियँ लाए॥

कहहु तात केहि भाँति जानकी।

रहति करति रच्छा स्वप्रान की ॥४॥

दोहा ३०

नाम पाहुरु दिवस निसि ध्यान तुम्हार कपाट।

लोचन निज पद जंत्रित जाहिं प्रान कहिं बाट ॥३०॥

चौपाई

चलत मोहि चूड़ामनि दीन्ही।

रघुपति हृदयँ लई सोई लीन्ही॥

नाथ जुगल लोचन भरी बारी।

बचन कहे कछु जनककुमारी ॥१॥

अनुज समेत गहेहु प्रभु चरना।

दीन बंधु प्रनतारति हरना॥

मन क्रम बचन चरन अनुरागी।

केहिं अपराध नाथ हौं त्यागी ॥२॥

अवगुन एक मोर मैं माना।

बिछुरत प्रान न कीन्ह पयाना॥

नाथ सो नयनन्हि को अपराधा।

निसरत प्रान करहिं हठि बाधा॥३॥

बिरह अगिनि तनु तूल समीरा।

स्वास जरइ छन माहिं सरीरा॥

नयन स्रवहिं जलु निज हित लागी।

जरैं न पाव देह बिरहागी॥४॥

सीता कै अति बिपति बिसाला।

बिनहिं कहें भलि दीनदयाला॥५॥

दोहा ३१

निमिष निमिष करुनानिधि जाहिं कल्प सम बीति।

बेगि चलिय प्रभु आनिय भुज बल खल दल जीति॥३१॥

चौपाई

सुनि सीता दुख प्रभु सुख आयना।

भरी आए जल रजिव नयना॥

बचन कायँ मन मम गति जाही।

सपनेहुँ बूझिय बिपति की ताही॥१॥

कह हनुमंत बिपति प्रभु सोई।

जब तब सुमिरन भजन न होई॥

केतिक बात प्रभु जातुधान की।

रिपुहि जीति आनिबी जानकी॥२॥

सुनु कपि तोहि समान उपकारी।

नहिं कोउ सुर नर मुनि तनुधारी॥

प्रति उपकार करौं का तोरा।

सन्मुख होइ न सकत मन मोरा॥३॥

सुनु सुत तोहि उरिन मैं नाहिं।

देखेउँ करि बिचार मन माहीं॥

पुनि पुनि कपिहि चितव सुरत्राता।

लोचन नीर पुलक अति गाता॥४॥

दोहा ३२

सुनि प्रभु बचन बिलोकि मुख गात हरषि हनुमंत।

चरण परेउ प्रेमाकुल त्राहि त्राहि भगवंत॥३२॥

चौपाई

बार-बार प्रभु चहइ उठावा।
प्रेम मगन तेहि उठब न भावा॥
प्रभु कर पंकज कपि कें सीसा।
सुमिरि सो दसा मगन गौरीसा॥१॥
सावधान मन करी पुनि संकर।
लागे कहन कथा अति सुंदर॥
कपि उठाइ प्रभु हृदयँ लगावा।
कर गहि परम निकट बैठावा॥२॥
कहु कपि रावन पालित लंका।
केहि बिधि दहेत दुर्ग अति बंका॥
प्रभु प्रसन्न जान हनुमाना।
बोला बचन बिगत अभिमाना॥३॥
साखामृग के बड़ि मनुसाई।
साखा तें साखा पर जाई॥
नाघी सिंधु हाटपपुर जारा।
निसिचर गन बधि विपिन उजारा॥४॥
सो सब तव प्रताप रघुराई।
नाथ न कछु मोरि प्रभुताई॥५॥

दोहा ३३

ता कहुँ प्रभु कछु अगम नहिं जा पर तुम अनुकूल।
तब प्रभावँ बड़वानलहि जारि सकइ खलु तूल ॥३३॥

चौपाई

नाथ भगति अति सुखदायनी।
देहु कृपा करि अनपायनी॥
सुनि प्रभु परम सरल कपि बानी।
एवमस्तु तब कहेउ भवानी ॥१॥
उमा राम सुभाउ जेहि जाना।
ताहि भजनु तजि भाव न आना॥
यह संवाद जासु उर आवा।
रघुपति चरण भगति सोइ पावा ॥२॥
सुनि प्रभु बचन कहहिं कपिबृंदा।
जय जय जय कृपाल सुखकंदा॥
तब रघुपति कपिपतिहि बोलावा।
कह चलैं कर करहु बनावा ॥३॥

अब बिलंबु केहि कारण कीजे।

तुरत कपिन्ह कहुँ आयसु दीजे॥

कौतुक देखि सुमन बहु बरषी।

नभ तें भवन चले सुर हरषी॥४॥

दोहा ३४

कपिपति बेगि बोलाइ आए जूथप जूथ।

नाना बरन अतुल बल बानर भालू बरूथ॥३४॥

चौपाई

प्रभु पद पंकज नावहिं सीसा।

गर्जहि भालू महाबल कीसा॥

देखि राम सकल कपि सेना।

चितइ कृपा करि राजिव नयना॥१॥

राम कृपा बल पाइ कपिंदा।

भए पच्छजुत मनहुँ गिरिंदा॥

हरषि राम तब कीन्ह पयाना।

सगुन भए सुंदर सुभ नाना॥२॥

जासु सकल मंगलमय कीती।
तासु पयान सगुन यह नीति॥
प्रभु पयान जानि बैदेहीं।
फरकि बाम अँग जनु कहि देहीं॥३॥
जोइ जोइ सगुन जनकिहि होई।
असगुन भयउ रावनहि सोई॥
चला कटुक को बरनैं पारा।
गर्जहिं बानर भालु अपारा॥४॥
नख आयुध गिरि पादपधारी।
चले गगन मही इच्छाचारी॥
केहरिनाद भालु कपि करहीं।
डगमगहिं दिग्गज चिक्करहिं॥५॥

छन्द १

चिक्करहिं दिग्गज डोल मही गिरि लोल सागर खरभरे।
मन हरष सभ गंधर्ब सुर मुनि नाग किंनर दुख टरे॥
कटकटहिं मर्कट बिकट भट बहु कोटि कोटिन्ह धावहीं।
जय राम प्रबल प्रताप कोसलनाथ गुन गण गावहीं॥१॥

छन्द २

सहि सक न भार उदार अहिपति बार बारहिं मोहई।
गह दसन पुनि पुनि कमठ पृष्ठ कठोर सो किमि सोहई॥
रघुबीर रुचिर प्रयान प्रस्थिति जानि परम सुहावनी।
जनु कमठ खर्पर सर्पराज सो लिखत अबिचल पावनी॥२॥

दोहा ३५

एहि बिधि जाइ कृपानिधि उतरे सागर तीर।
जहँ तहँ लागे खाहिं फल भालू बिपुल कपि वीर॥३५॥

चौपाई

उहाँ निसाचर रहहिं ससंका।
जब तें जारि गयउ कपि लंका॥
निज निज गृहँ सब करहिं बिचारा।
नहिं निसिचर कुल केर उबारा॥१॥
जासु दूत बल बरनि न जाई।
तेहि आएँ पुर कवन भलाई॥
दूतन्हि सन सुनि पुरजन बानी।
मंदोदरी अधिक अकुलानी॥२॥

रहसि जोरि कर पति पग लागी।

बोली बचन नीति रस पागी॥

कंत करहु हरि सन परिहरहू।

मोर कहा अति हित हियँ धरहू॥३॥

समुझत जासु दूत कइ करनी।

स्त्रवहिं गर्भ रजनीचर घरनी॥

तासु नारि निज सचिव बोलाई।

पठवहु कंत जो चाहहु भलाई॥४॥

तब कुल कमल बिपिन दुखदाई।

सीता सीत निसा सम आई॥

सुनहु नाथ सीता बिनु दीन्हें।

हित न तुम्हार सम्भु अज कीन्हें॥५॥

दोहा ३६

राम बान अहि गन सरिस निकर निसाचर भेक।

जब लगि ग्रसत न तब लगि जतनु करहु तजि टेक॥३६॥

चौपाई

श्रवण सुनि सठ ता करि बानी ।
बिहसा जगत बिदित अभिमानी ॥
सभय सुभाउ नारी कर साचा ।
मंगल महुँ भय मन अति काचा ॥१॥
जौं आवइ मर्कट कटकाई ।
जिअहिं बिचारे निसिचर खाई ॥
कंपहिं लोकप जाकीं त्रासा ।
तासु नारी सभीत बड़ी हासा ॥२॥
अस कहि बिहसि ताहि उर लाई ।
चलेउ सभाँ ममता अधिकाई ॥
मंदोदरी हृदयँ कर चिंता ।
भयउ कंत पर विधि विपरीता ॥३॥
बैठेउ सभाँ खबरि असी पाई ।
सिंधु पार सेना सब आई ॥
बूझेसि सचिव उचित मत कहहू ।
ते सब हँसे मष्ट करि रहहू ॥४॥
जितेहु सुरासुर तब श्रम नाहीं ।
नर बानर केहि लेखे माहीं ॥५॥

दोहा ३७

सचिव बैद गुर तीनि जौं प्रिय बोलहिं भय आस |
राज धर्म तन तीनि कर होइ बेगिहीं नास ||३७||

चौपाई

सोइ रावन कहुँ बानि सहाई ।
अस्तुति करहिं सुनि सुनइ सुनाई ॥
अवसर जानि बिभीषनु आवा ।
भ्राता चरन सीसु तेहि नावा ॥१॥
पुनि सिरु नाई बैठ निज आसन ।
बोला बचन पाइ अनुसासन ॥
जौ कृपाल पूँछिहु मोहि बाता ।
मति अनुरूप कहउँ हित ताता ॥२॥
जो आपन चाहै कल्याना ।
सुजसु सुमति सुभ गति सुख नाना॥
सो परनारी लिलार गोसाईं ।
तजउ चउथि के चंद की नाईं ॥३॥

चौदह भुवन एक पति होई।

भूत द्रोह तिष्टइ नहिं कोई॥

गुन सागर नागर नर जोऊ।

अलप लोभ भल कहइ न कोऊ॥४॥

दोहा ३८

काम क्रोध मद लोभ सब नाथ नरक के पंथ|

सब परिहरि रघुबीरहि भजहु भजहिं जेहि संत ||३८||

चौपाई

तात राम नहिं नर भूपाला।

भुवनेस्वर कालहु कर काला॥

ब्रह्म अनामय अज भगवंता।

ब्यापक अजित अनादि अनंता॥१॥

गौ द्विज धेनु देव हितकारी।

कृपा सिंधु मानुष तनुधारी॥

जन रंजन भंजन खल ब्राता।

बेद धर्म रच्छक सुनु भ्राता॥२॥

ताहि बयरु तजि नाइअ माथा ।

प्रणतारति भंजन रघुनाथा ॥

देहु नाथ प्रभु कहुँ बैदेही ।

भजहु राम बिनु हेतु सनेही ॥३॥

सरन गएँ प्रभु ताहु न त्यागा ।

बिस्व द्रोह कृत अघ जहि लागा ॥

जासु नाम त्रय ताप नसावन ।

सोइ प्रभु प्रगट समुझु जियँ रावन ॥४॥

दोहा ३९ (क)

बार-बार पद लागउँ विनय करउँ दससीस |

परिहरि मान मोह मद भजहु कोसलाधीस ||३९क||

दोहा ३९ (ख)

मुनि पुलस्ति निज सिष्य सन कहि पठइ यह बात |

तुरत सो मै प्रभु सन कहि पाई सुअवसर तात ||३९ख||

चौपाई

माल्यवंत अति सचिव सयाना ।

तासु बचन सुनी अति सुख माना ॥

तात अनुज तव नीति विभूषन।

सो उर धरहु जो कहत विभीषन ॥१॥

रिपु उतकरष कहत सठ दोऊ।

दूरी न करहु इहाँ हइ कोऊ ॥

माल्यवंत गृह गयउ बहोरी।

कहइ विभीषनु पुनि कर जोरी ॥२॥

सुमति कुमति सब कें उर रहहीं।

नाथ पुरान निगम अस कहहीं ॥

जहाँ सुमति तहँ संपति नाना।

जहाँ कुमति तहँ बिपति निदाना ॥३॥

तव उर कुमति बसि विपरीता।

हित अनहित मानहु रिपु प्रीता ॥

कालराति निसिचर कुल केरी।

तेहि सीता पर प्रीति घनेरी ॥४॥

दोहा ४०

तात चरन गहि मागउँ राखहु मोर दुलार।
सीता देहु राम कहुँ अहित न होइ तुम्हार ॥४०॥

चौपाई

बुध पुरान श्रुति सन्मत बानी।
कही बिभीषन नीति बखानी ॥
सुनत दसानन उठा रिसाई।
खल तोहि निकट मृत्यु अब आई ॥१॥
जअसि सदा सठ मोरी जिआवा।
रिपु कर पच्छ मूढ़ तोहि भावा ॥
कहसि न खल अस को जग माहीं।
भुज बल जाहि जित मैं नाहीं ॥२॥
मम पुर बसि तपसिन्ह पर प्रीति।
सठ मिलु जाइ तिन्हहि कहु नीती ॥
अस कहि कीन्हेसि चरन प्रहारा।
अनुज गहे पद बारहिं बारा ॥३॥

उमा संत कइ इहइ बड़ाई ।

मंद करत जो करइ भलाई ॥

तुम पितु सरिस भलेहि मोहि मारा ।

रामु भजें हित नाथ तुम्हारा ॥४॥

सचिव संग ले नभ पथ गयऊ ।

सबहिं सुनाइ कहत अस भयऊ ॥५॥

दोहा ४१

रामु सत्यसंकल्प प्रभु सभा कालबस तोरि ।

मैं रघुबीर सरन अब जाउँ देहु जनि खोरी ॥४१॥

चौपाई

अस कहि चला बिभीषनु जबहीं ।

आयू भये सब तबहीं ॥

साधु अवग्या तुरत भवानी ।

कर कल्यान अखिल कै हानी ॥१॥

रावन जबहीं बिभीषन त्यागा ।

भयउ बिभव बिनु तबहीं अभागा ॥

चलेउ हरषि रघुनायक पाहीं ।
करत मनोरथ बहु मन माहीं ॥२॥
देखिहउँ जाइ चरन जलजाता ।
अरुन मृदुल सेवक सुखदाता ॥
जे पद परसि तरी ऋषिनारी ।
दंडक कानन पावनकारी ॥३॥
जे पद जनकसुताँ उर लाए ।
कपट कुरंग संग धर धाए ॥
हर उर सर सरोज पद जेई ।
अहो भाग मैं देखिहउँ तेई ॥४॥

दोहा ४२

जिन्ह पायन्ह के पादुकन्हि भरतु रहे मन लाइ ।
ते पद आजु बिलोकिहउँ इन नयनन्हि अब जाइ ॥४२॥

चौपाई

एहि बिधि करत सप्रेम बिचारा ।
आयउ सपदि सिंधु एहि पारा ॥
कपिन्ह बिभीषनु आवत देखा ।
जाना कोउ रिपु दूत बिसेषा ॥१॥

ताहि राखि कपिस पहिं आये।

समाचार सब ताहि सुनाये ॥

कह सुग्रीव सुनहु रघुराई।

आवा मिलन दसानन भाई ॥२॥

कह प्रभु सखा बूझिए काहा।

कहइ कपिस सुनहु नरनाहा ॥

जानि न जाइ निसाचर माया।

कामरूप केहि कारन आया ॥३॥

भेद हमार लेन सठ आवा।

राखिअ बांधि मोहि अस भावा ॥

सखा नीति तुम्ह नीकी बिचारी।

मम पन सरनागत भयहारी ॥४॥

सुनि प्रभु बचन हरष हनुमाना।

सरनागत बच्छल भगवाना ॥५॥

दोहा ४३

सरनागत कहुँ जे तजहिं निज अनहित अनुमानि ।
ते नर पावँर पापमय तिन्हहि बिलोकत हानि ॥४३॥

चौपाई

कोटि बिप्र बध लागहिं जाहू ।
आएँ सरन तजउँ नहि ताहू ॥
सन्मुख होइ जीव मोहि जबहीं ।
जनम कोटि अघ नासहिं तबहीं ॥१॥
पापबंत कर सहज सुभाऊ ।
भजनु मोर तेहि भाव न काऊ ॥
जौं पै दुष्ट हृदय सोई होई ।
मोरें सन्मुख आव कि सोई ॥२॥
निर्मल मन जन सो मोहि पावा ।
मोहि कपट छल छिद्र न भावा ॥
भेद लेन पठवा दससीसा ।
तबहुँ न कछु भय हानि कपिसा ॥३॥

जग महुँ सखा निसाचर जेते।

लछिमनु हनइ निमिष महुँ तेते॥

जौं सभीत आव सरनाईं।

रखिहउँ ताहि प्रान की नाईं॥४॥

दोहा ४४

उभय भाँति तेहि आनहु हँसि कह कृपानिकेत।

जय कृपाल कहि चले अंगद हनू समेत॥४४॥

चौपाई

सादर तेहि आगें करी बानर।

चले जहाँ रघुपति करुनाकर॥

दूरिहि ते देखि द्वौ भ्राता।

नयनानंद दान के दाता॥१॥

बहुरि राम छबिधाम बिलोकी।

रहउ ठटुकि एकटक पल रोकी॥

भुज प्रलंब कंजारुन लोचन।

स्यामल गात प्रनत भय मोचन॥२॥

सिंघ कंध आयत उर सोहा।

आनन अमित मदन मन मोहा॥

नयन नीर पुलकित अति गाता।

मन धरि धीर कहि मृदु बाता॥३॥

नाथ दसानन कर मैं भ्राता।

निसिचर बंस जनम सुरत्राता॥

सहज पापप्रिय तामस देहा।

जथा उलूकहि तम पर नेहा॥४॥

दोहा ४५

श्रवण सुअसु सुनी आयउँ प्रभु भंजन भव भीर।

त्राहि त्राहि आरति हरन शरण सुखद रघुबीर॥४५॥

चौपाई

अस कहि करत दंडवत देखा।

तरुत उठे प्रभु हरष बिसेषा॥

दीन बचन सुनि प्रभु मन भावा।

भुज बिसाल गहि हृदयँ लगावा॥१॥

अनुज सहित मिलीं ढिग बैठारी।

बोले बचन भगत भयहारी॥

कहु लंकेस सहित परिवारा।

कुसल कुठाहर बास तुम्हारा ॥२॥

खल मंडली बसहु दिनु राती।

सखा धरम निबहइ केहि भाँती ॥

मैं जानउँ तुम्हारी सब रीती।

अति नय निपुन न भाव अनीती ॥३॥

बरु भल बास नरक कर ताता।

दुष्ट संग जनि देइ बिधाता ॥

अब पद देखि कुसल रघुराया।

जौं तुम्ह कीन्हि जानि जन दाया ॥४॥

दोहा ४६

तब लगि कुसल न जीव कहु सपनेहुँ मन बिश्राम।

जब लगि भजत न राम कहु सोक धाम तजि काम ॥४६॥

चौपाई

तब लगि हृदयँ बसत खल नाना।

लोभ मोह मच्छर मद माना ॥

जब लगि उर न बसत रघुनाथा।

धरें चाप सायक कटि भाथा ॥१॥

ममता तरुन तमि अंधियारी ।
राग द्वेष उलूक सुखकारी ॥
तब लगि बसति जीव मन माहीं ।
जब लगि प्रभु प्रताप रवि नाहीं ॥२॥
अब मैं कुसल मिटे भय भारे ।
देखि राम पद कमल तुम्हारे ॥
तुम कृपाल जाहि पर अनुकूला ।
ताहि न ब्याप त्रिविध भव सूला ॥३॥
मैं निसिचर अति अधम सुभाऊ ।
सुभ आचरनु कीन्ह नहिं काऊ ॥
जासु रूप मुनि ध्यान न आवा ।
तेहि प्रभु हरषि हृदयँ मोहि लावा ॥४॥

दोहा ४७

अहो भाग्य मम अमित अति राम कृपा सुख पुंज ।
देखेउँ नयन बिरंचि सिव सेव्य युगल पद कंज ॥४७॥

चौपाई

सुनहु सखा निज कहउँ सुभाऊ ।
जान भुसुंडि संभु गिरिजाऊ ॥

जौं नर होइ चराचर द्रोही ।

आवै सभय सरन तकि मोही ॥१॥

तजि मद मोह कपट छल नाना ।

करउँ सद्य तेहि साधु समाना ॥

जननि जनक बंधु सुत दारा ।

तनु धनु भवन सुहृद परिवारा ॥२॥

सब कै ममता ताग बटोरी ।

मम पद मनहि बाँध बरि डोरी ॥

समदरसी इच्छा कछु नाहीं ।

हरष सोक भय नहिं मन माहीं ॥३॥

अस सज्जन मम उर बस कैसें ।

लोभी हृदय बसइ धनु जैसें ॥

तुम्ह सारिखे संत प्रिय मोरें ।

धरउँ देह नहिं आन निहोरें ॥४॥

दोहा ४८

सगुन उपासक परहित निरत नीति दृढ़ नेम ।

ते नर प्रान सम मोर जिन्ह के द्विज पद प्रेम ॥४८॥

चौपाई

सुनु लंकेस सकल गुन तोरें।
तातें तुम्ह अति सय प्रिय मोरें॥
राम बचन सुनि बानर जूथा।
सकल कहहिं जय कृपा बरूथा॥१॥
सुनत बिभीषनु प्रभु कै बानी।
नहिं अघात श्रवणामृत जानी॥
पद अम्बुज गहि बारहिं बारा।
हृदयँ समात न प्रेम अपारा॥२॥
सुनहु देव सचराचर स्वामी।
प्रनतपाल उर अंतरजामी॥
उर कछु प्रथम बासना रही।
प्रभु पद प्रीति सरित सो बही॥३॥
अब कृपाल निज भगति पावनी।
देहु सदा सिव मन भावनी॥
एवमस्तु कहि प्रभु रनधीरा।
मागा तुरत सिंधु कर नीरा॥४॥

जदपि सखा तव इच्छा नाहीं ।

मोर दरसु अमोघ जग माहीं ॥

अस कहि राम तिलक तेहि सारा ।

सुमन बृष्टि नभ भई अपारा ॥५॥

दोहा ४९ (क)

रावन क्रोध अनल निज सवास समीर प्रचण्ड ।

जरत बिभीषनु राखेउ दीन्हेउ राजु अखण्ड ॥

दोहा ४९ (ख)

जो संपत्ति सिव रावनहि दीन्हि दिएँ दस माथ ।

सोई संपदा बिभीषनहि सकुचि दीन्हि रघुनाथ ॥

चौपाई

अस प्रभु छाडि भजहि जे आना ।

ते नर पशु बिनु पूँछ बिषाना ॥

निज जन जानि ताहि अपनावा ।

प्रभु सुभाव कपि कुल मन भावा ॥१॥

पुनि सर्वज्ञ सर्व उर बासी ।

सर्बरूप सब रहित उदासी ॥

बोले बचन नीति प्रतिपालक।

कारन मनुज दनुज कुल घालक ॥२॥

सुनु कपीस लंकापति बीरा।

केहि बिधि तरिअ जलधि गंभीरा ॥

संकुल मकर उरग झष जाती।

अति अगाध दुस्तर सब भाँती ॥३॥

कह लंकेस सुनहु रघुनायक।

कोटि सिंधु सोषक तव सायक ॥

जद्यपि तदपि नीति असि गाई।

बिनय करिअ सागर सन जाई ॥४॥

दोहा ५०

प्रभु तुम्हार कुलगुरु जलधि कहिहि उपाय बिचारि।

बिनु प्रयास सागर तरिहि सकल भालु कपि धारि ॥५०॥

चौपाई

सखा कहि तुम्ह नीकि उपाई।

करिअ दैव जौं होइ सहाई ॥

मंत्र न यह लछिमन मन भावा।

राम बचन सुनि अति दुखु पावा ॥१॥

नाथ दैव करि कवन भरोसा।

सोषिअ सिंधु करिअ मन रोसा ॥

कादर मन कहुँ एक अधारा।

दैव दैव आलसी पुकारा ॥२॥

सुनत बिहसि बोले रघुबीरा।

ऐसहिं करब धरहु मन धीरा ॥

अस कहि प्रभु अनुजहि समुझाई।

सिंधु समीप गए रघुराई ॥३॥

प्रथम प्रनाम कीन्ह सिरु नाई।

बैठे पुनि तट दर्भ डसाई ॥

जबहिं बिभीषन प्रभु पहिं आए।

पाछे रावन दूत पठाए ॥४॥

दोहा ५१

सकल चरित तिन्ह देखे धरें कपट कपि देह।
प्रभु गुण हृदयँ सराहहिं सरणागत पर नेह ॥५१॥

चौपाई

प्रगट बखानहिं राम सुभाऊ।
अति सप्रेम गा बिसरि दुराऊ ॥
रिपु के दूत कपिन्ह तब जाने।
सकल बाँधि कपीस पहिं आने ॥१॥
कह सुग्रीव सुनहु सब वानर।
अंग भंग करि पठवहु निसिचर ॥
सुनि सुग्रीव बचन कपि धाए।
बाँधि कतक चहुँ पास फिराए ॥२॥
बहु प्रकार मारन कपि लागे।
दीन पुकारत तदपि न त्यागे ॥
जो हमार हरि नासा काना।
तेहि कोसलाधीस कै आना ॥३॥

सुनि लछिमन सब निकट बोलाए।

दया लागि हँसि तुरत छुड़ाए॥

रावन कर दीजहु यह पाती।

लछिमन बचन बाचु कुलघाती॥४॥

दोहा ५२

कहेहु मुखागर मूढ़ सन मम सन्देसु उदार।

सीता देइ मिलेहु न त आव कालु तुम्हार॥५२॥

चौपाई

तुरत नाई लछिमन पद माथा।

चले दूत बरनत गुण गाथा॥

कहत राम जसु लंका आए।

रावन चरन सीस तिन्ह नाए॥१॥

बिहसि दसानन पूँछी बाता।

कहसि न सुक आपनि कुसलाता॥

पुनि कहु खबरि बिभीषन केरी।

जाहि मृत्यु आई अति नेरी॥२॥

करत राज लंका सठ त्यागी ।

होइहि जब कर कीट अभागी ॥

पुनि कहु भालु कीस कटकााई ।

कठिन काल प्रेरित चलि आई ॥३॥

जिन्ह के जीवन कर रखवारा ।

भयउ मृदुल चित सिंधु बिचारा ॥

कहु तपसिनह कै बात बहोरी ।

जिन्ह के हृदयँ त्रास अति मोरी ॥४॥

दोहा ५३

कि भइ भेंट कि फिरि गए श्रवण सुअसु सुनी मोर ।

कहसि न रिपु दल तेज बल बहुत चकित चित तोर ॥५३॥

चौपाई

नाथ कृपा करि पुँछेहू जैसें ।

मानहु कहा क्रोध तजि तैसें ॥

मिला जाई जब अनुज तुम्हारा ।

जातहिं राम तिलक तेहि सारा ॥१॥

रावन दूत हमहि सुनि काना।
कपिन्ह बांधि दीन्हे दुःख नाना॥
श्रवण नासिका काटैं लागे।
राम सापथ दीन्हे हम त्यागे॥२॥
पूँछिहुँ नाथ राम कटकाई।
बदन कोटि सत बरनि न जाई॥
नाना बरन भालु कपि धारी।
बिकटानन बिसाल भयकारी॥३॥
जेहिं पुर दहेउ हतेउ सुत तोरा।
सकल कपिन्ह महँ तेहि बलु थोरा॥
अमित नाम भट कठिन कराला।
अमित नाग बल बिपुल बिसाला॥४॥

दोहा ५४

द्विबिद मयंद नील नल अंगद गद बिकटासि।
दधिमुख केहरि निसठ सठ जामवंत बलरासि॥५४॥

चौपाई

ए कपि सब सुग्रीव समाना ।
इन्ह सम कोटिन्ह गनइ को नाना ॥
राम कृपाँ अतुलित बल तिन्हहीं ।
त्रिन समान त्रैलोकहि गनहीं ॥१॥
अस मैं सुना श्रवण दसकंधर ।
पदुम अठारह जूथप बंदर ॥
नाथ कटक महँ सो कपि नाहीं ।
जो न तुम्हहि जीतै रन माहीं ॥२॥
परम क्रोध मीजहिं सब हाथा ।
आयसु पै न देहिं रघुनाथा ॥
सोषहिं सिंधु सहित झष ब्याला ।
पूरहिं न त भरि कुधर बिसाला ॥३॥
मर्दि गर्द मिलवहिं दससीसा ।
ऐसेही बचन कहहिं सब कीसा ॥
गर्जहि तर्जहीं सहज असंका ।
मानहुँ ग्रसन चहत हहिं लंका ॥४॥

दोहा ५५

सहज सूर कपि भालु सब पुनि सिर पर प्रभु राम ।
रावन काल कोटि कहुँ जीति सकहिं संग्राम ॥५५॥

चौपाई

राम तेज बल बुद्धि बिपुलाई ।
सेष सहस सत सकहिं न गाई ॥
सक सर एक सोषी सत सागर ।
तव भ्रातहि पूँछेउ नय नागर ॥१॥
तासु बचन सुनि सागर पाहीं ।
मागत पंथ कृपा मन माहीं ॥
सुनत बचन बिहसा दससीसा ।
जौं असि मति सहाय कृत कीसा ॥२॥
सहज भीरु कर बचन दृढ़ाई ।
सागर सन ठानि मचलाई ॥
मूढ़ मृषा का करसि बडाई ।
रिपु बल बुद्धि थाह मैं पाई ॥३॥

सचिव सभीत बिभीषन जाकें।
बिजय बिभूति कहां जग ताकें॥
सुनि खल बचन दूत रिस बाढ़ी।
समय बिचारि पत्रिका काढ़ी॥४॥
रामानुज दीन्ही यह पाती।
नाथ बचाई जुड़ावहु छाती॥
बिहसी बाम कर लीन्ही रावन।
सचिव बोली सठ लाग बचावन॥५॥

दोहा ५६ (क)

बातन्ह मनहि रिझाइ सठ जनि घालसि कुल खीस।
राम बिरोध न उबरसि सरन बिष्नु अज ईस॥

दोहा ५६ (ख)

कि तजि मान अनुज इव प्रभु पद पंकज भृंग।
होहि कि राम सरानल खल कुल सहित पतंग॥

चौपाई

सुनत सभय मन मुख मुसुकाई।
कहत दसानन सबहि सुनाई॥

भूमि परा कर गहत अकासा ।
लघु तापस कर बाग बिलासा ॥१॥
कह सुक नाथ सत्य सब बानी ।
समुझहु छाड़ि प्रकृति अभिमानी ॥
सुनहु बचन मम परिहरि क्रोधा ।
नाथ राम सन तजहु बिरोधा ॥२॥
अति कोमल रघुबीर सुभाऊ ।
जद्यपि अखिल लोक कर राऊ ॥
मिलत कृपा तुम्ह पर प्रभु करिही ।
उर अपराध न एकउ धरिही॥३॥
जानकसुता रघुनाथहि दीजे ।
एतना कहा मोर प्रभु कीजे ॥
जब तेहीं कहा देन बैदेही ।
चरन प्रहार कीन्ह सठ तेही ॥४॥
नाइ चरण सिरु चला सो तहाँ ।
कृपासिंधु रघुनायक जहाँ ॥

करि प्रनामु निज कथा सुनाई।

राम कृपां आपनि गति पाई ॥५॥

ऋषि अगस्ति कीं साप भवानी।

राछस भयउ रहा मुनि ग्यानी ॥

बंदी राम पद बारहिं बारा।

मुनि निज आश्रम कहुँ पग धारा॥६॥

दोहा ५७

बिनय न मानत जलधि जड़ गए तीन दिन बीति।

बोले राम सकोप तब भय बिनु होइ न प्रीति ॥५७॥

चौपाई

लछिमन बान सरासन आनू।

सोषौं बारिधि बिसिख कृसानू ॥

सठ सन बिनय कुटिल सन प्रीति।

सहज कृपन सन सुंदर नीति ॥१॥

ममता रत सन ग्यान कहानी।

अति लोभी सन बिरति बखानी ॥

क्रोधिहि सम कामिहि हरिकथा।

ऊसर बीज बाएँ फल जथा ॥२॥

अस कहि रघुपति चाप चढ़ावा ।

यह मत लछिमन के मन भावा ॥

संधानेउ प्रभु बिसिख कराला ।

उठी उदधि उर अंतर ज्वाला ॥३॥

मकर उरग झष गण अकुलाने ।

जरत जन्तु जलनिधि जब जाने ॥

कनक थार भरि मनि गण नाना ।

बिप्र रूप आयउ तजि माना ॥४॥

दोहा ५८

काटेहिं पइ कदरी फरइ कोटि जतन कौ सींच ।

बिनय न मान खगेस सुनु डाटेहिं पइ नव नीच ॥५८॥

चौपाई

सभय सिंधु गहि पद प्रभु केरे ।

छमहु नाथ सब अवगुन मेरे ॥

गगन समीर अनल जल धरनी ।

इन्ह कइ नाथ सहज जड़ करनी ॥१॥

तव प्रेरित मायाँ उपजाए।

सृष्टि हेतु सब ग्रंथनि गाए॥

प्रभु आयसु जेहि कहँ जस अहई।

सो तेहि भाँति रहें सुख लहई॥२॥

प्रभु भल कीन्ह मोहि सिख दीन्ही।

मरजादा पुनि तुम्हरी कीन्ही॥

ढोल गवाँर सूद्र पसु नारी।

सकल ताड़ना के अधिकारी॥३॥

प्रभु प्रताप मैं जाब सुखाई।

उतरिहि कटुकु न मोरि बड़ाई॥

प्रभु आज्ञा अपेल श्रुति गाई।

करउँ सो बेगि जो तुम्हहि सोहाई॥४॥

दोहा ५९

सुनत बिनीत बचन अति कह कृपाल मुसुकाइ।

जहि विधि उतरै कपि कटुकु तात सो कहहु उपाइ॥५९॥

चौपाई

नाथ नील नल कपि द्वौ भाई ।
लरिकाईं रिषि आसिष पाई ॥
तिन्ह कें परस किएँ गिरि भारे ।
तरिहहिं जलधि प्रताप तुम्हारे ॥१॥
मैं पुनि उर धरी प्रभुताई ।
करिहउँ बल हनुमान सहाई ॥
एहि विधि नाथ पयोधि बंधाइअ ।
जेहिं यह सुजसु लोक तिहुँ गाइअ ॥२॥
एहिं सर मम उत्तर तट बासी ।
हतहु नाथ खल नर अघ रासी ॥
सुनि कृपाल सागर मन पीरा ।
तुरतिहिं हरी राम रनधीरा ॥३॥

देखि राम बल पौरुष भारी ।
हरषि पयोनिधि भयउ सुखारी ॥
सकल चरित कहि प्रभुहि सुनावा ।
चरन बंदि पाथोधि सिधावा ॥४॥

छन्द

निज भवन गवनेऊ सिंधु श्रीरघुपतिहि यह मत भायऊ ।
यह चरित कलि मलहर जथामति दास तुलसी गायऊ ॥
सुख भवन संसय समन दवन विषाद रघुपति गुण गना ।
तजि सकल आस भरोस गावहि सुनहि संतत सठ मना ॥

दोहा ६०

सकल सुमंगल दायक, रघुनायक गुण गान ।
सादर सुनहिं ते तरहिं भव सिंधु बिना जलजान ॥६०॥

मासपारायण, चौबीसवाँ विश्राम

इति श्रीमद्रामचरितमानसे सकलकलकलुषभिवंशने पञ्चमः सोपानः समाप्तः।

(इति सुंदरकाण्ड)

9 789334 367362

Printed at Repro India Ltd.